红专并进　科教报国

中国科学技术大学珍藏革命家、科学家手迹选粹

主编　许　武

编委（按姓氏笔画排序）

丁兆君　丁毅信　王　伟

方黑虎（执行）　刘　明

杨保国　何淳宽　陈晓剑

倪　瑞

中国科学技术大学出版社

图书在版编目(CIP)数据

红专并进 科教报国:中国科学技术大学珍藏革命家、科学家手迹选粹/许武主编. —合肥:中国科学技术大学出版社,2018.7
ISBN 978-7-312-04513-4

Ⅰ.红… Ⅱ.许… Ⅲ.①革命人物—手稿—中国—近现代 ②科学家—手稿—中国—近现代 Ⅳ.①K827=5 ②K826.1

中国版本图书馆CIP数据核字(2018)第144773号

出版	中国科学技术大学出版社
	安徽省合肥市金寨路96号,230026
	http://press.ustc.edu.cn
	http://zgkxjsdxcbs.tmall.com
印刷	合肥华苑印刷包装有限公司
发行	中国科学技术大学出版社
经销	全国新华书店
开本	787 mm×1092 mm 1/16
印张	4.25
字数	38千
版次	2018年7月第1版
印次	2018年7月第1次印刷
定价	60.00元

前 言

在中国科学院一批著名科学家的积极倡议下,在党和国家领导人的直接关怀与支持下,中国科学技术大学于1958年9月20日在北京成立。邓小平、陈毅、聂荣臻等老一辈革命家非常关注学校的发展,给学生作报告,为学校题词,勉励中国科学技术大学师生勇于攀登科学的高峰。

建校之初,中国科学技术大学实行"全院办校,所系结合"的办学方针,中国科学院每年到校授课的科学家达300多人次,严济慈、华罗庚、钱学森、赵九章等老一辈科学家率先垂范,使得中国科学技术大学一诞生就以名师汇聚而享有盛誉。

中国科学技术大学是老一辈革命家、科学家实施科教兴国战略的试验田,是科学家乐于施教的学府。"谈笑有鸿儒,往来无白丁",他们在中国科学技术大学留下了许多手迹,保存于馆藏档案之中。其中有些从未公开展示,尚不为人所知。

值此中国科学技术大学60周年校庆之际,学校从这些珍贵的手迹中精选出一部分,结集出版,旨在为校友和大众提供一个认识中国科学技术大学的新视角,对加强中国科学技术大学的校园文化建设、坚定文化自信有所裨益。

目　录

前言 _ I

革命家手迹

邓小平批示 / 决定成立中国科学技术大学 _ 003

邓小平批示 / 应予扶持中国科学技术大学 _ 005

陈毅题词 / 勉励首届毕业生 _ 006

徐向前题词 / 勉励首届毕业生 _ 008

聂荣臻题词 / 勉励首届毕业生 _ 010

聂荣臻题词 / 祝贺30周年校庆 _ 012

方毅题词 / 祝贺30周年校庆 _ 013

张劲夫题词 / 祝贺25周年校庆 _ 015

科学家手迹

郭沫若手迹 / 首届开学典礼致辞 _ 019

郭沫若题词 / 中国科学技术大学校风 _ 021

郭沫若手迹 / 捐资帮助困难师生的信件 _ 022

郭沫若手迹 / 发扬五四运动的光辉传统 _ 023

严济慈题词 / 祝贺30周年校庆 _ 025

严济慈手迹 / 关于专业调整的意见 _ 027

严济慈题词 / 勉励少年班同学 _ 028

严济慈题词 / 致1984届毕业生 _ 029

华罗庚手迹 / 向中国科学技术大学推荐人才 _ 030

华罗庚手迹 / 为车队司机留言 _ 032

钱学森手迹 / 关于系与专业调整的意见 _ 033

钱学森手迹 / 勉励力学系开办新专业 _ 035

赵九章手迹 / 周国成毕业论文评语 _ 036

赵九章手迹 / 关于创办研究生院的建议 _ 038

郭永怀手迹 / 为学术论文征求意见 _ 041

赵忠尧题词 / 勉励中国科学技术大学师生 _ 043

贝时璋手迹 / 系主任会议签名表 _ 045

吴仲华手迹 / 祝贺25周年校庆 _ 047

钱临照手迹 / 贺赵忠尧寿庆 _ 049

钱临照题词 / 勉励中国科学技术大学学生 _ 051

杨承宗题词 / 祝贺50周年校庆 _ 052

卢嘉锡手迹 / 贺钱临照寿庆 _ 054

傅承义手迹 / 祝贺25周年校庆 _ 056

吴文俊题词 / 勉励中国科学技术大学师生 _ 058

革命家手迹

邓小平　陈毅　徐向前　聂荣臻　方毅　张劲夫

邓小平批示
决定成立中国科学技术大学

  邓小平（1904—1997），四川广安人，伟大的马克思主义者，无产阶级革命家、政治家、军事家、外交家，中国共产党、中国人民解放军、中华人民共和国的主要领导人之一，中国社会主义改革开放和现代化建设的总设计师，邓小平理论的主要创立者。

  1958年，时任中央政治局常委、中央委员会总书记的邓小平同志根据中央书记处会议批准意见，批示决定成立中国科学技术大学，并长期关注学校的发展。

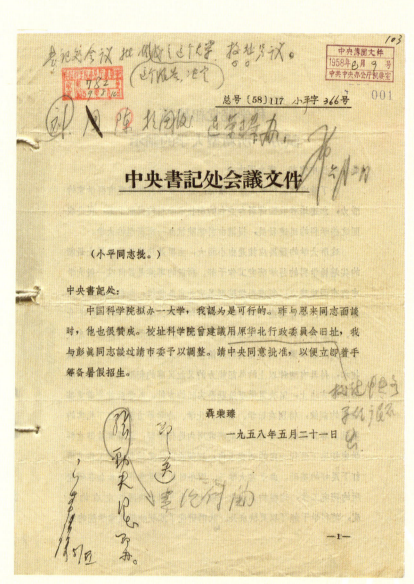

1958年6月2日，邓小平同志关于成立中国科学技术大学的批示

档案编号：1958-WS-Y-11-1

邓小平批示
应予扶持中国科学技术大学

1983年12月14日，邓小平同志在中国科学技术大学校长严济慈就国家"七五"期间重点建设高校事宜的来信上的批示

陈毅题词
勉励首届毕业生

陈毅（1901—1972），四川乐至人，杰出的无产阶级革命家、军事家，中国人民解放军的创建者之一。陈毅同志参加了中国科学技术大学首届毕业典礼，还专程到学校为学生作报告。

1963年7月14日，陈毅、聂荣臻同志在郭沫若校长的陪同下参加中国科学技术大学首届毕业典礼

档案编号：1963-SX-Y-21

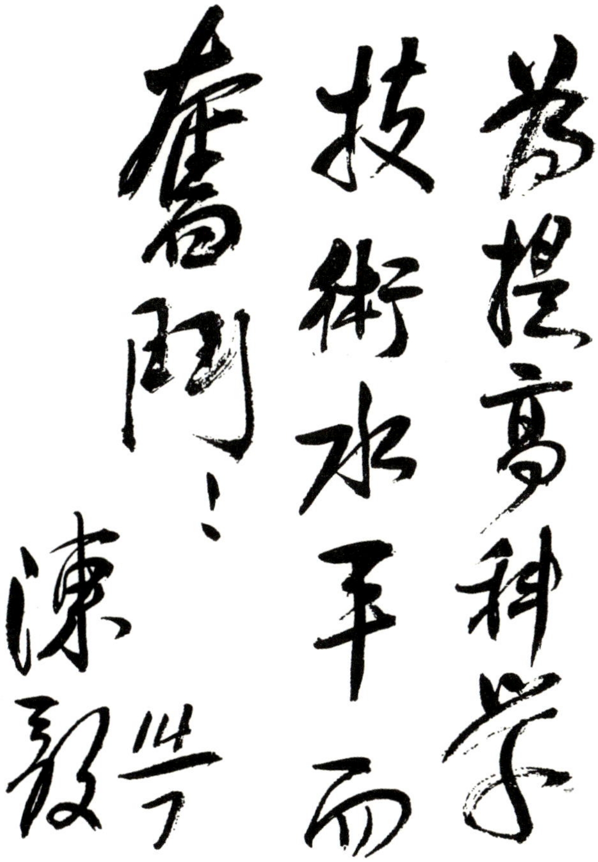

革命家手迹

为提高科学技术水平而奋斗！ 陈毅

1963年7月14日，陈毅同志在中国科学技术大学首届毕业典礼上的题词

徐向前题词
勉励首届毕业生

徐向前（1901—1990），山西五台人，杰出的无产阶级革命家、军事家，中国人民解放军的创建者之一。徐向前同志曾为中国科学技术大学首届毕业生题词。

革命家手迹

为发扬革命而奋斗到底。社会主义的祖国，为支援作革命的彻底派。作革命的彻底派。一个思想红、业务精的新型掌握现代科技的尖端成为一定要攀登古今科学的高峰，作为自己一切劳动的指南。一定要把毛泽东思想学到手，

徐向前题 七月十三日

1963年7月13日，徐向前同志为中国科学技术大学首届毕业生题词

中国科学技术大学实物档案

聂荣臻题词
勉励首届毕业生

聂荣臻（1899—1992），杰出的无产阶级革命家、军事家，中国人民解放军的创建者之一。聂荣臻同志参与创建中国科学技术大学，在中国科学技术大学首届开学典礼上致开幕词，并长期关注学校的发展。

1958年9月20日，聂荣臻同志在中国科学技术大学首届开学典礼上作题为《把红旗插上科学的高峰》的讲话

档案编号：1958-SX-Y-20

革命家手迹

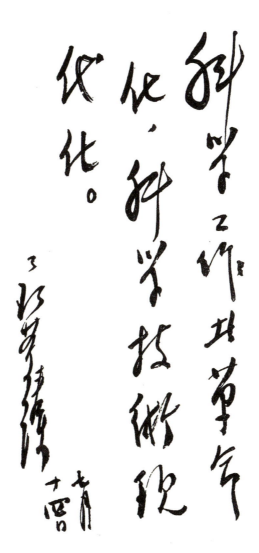

1963年7月14日，聂荣臻在中国科学技术大学首届毕业典礼上的题词

聂荣臻题词
祝贺30周年校庆

三十年来 桃李天下
科技路上 贡献殊大
继续革新 团结奋发
再接再厉 强吾中华

祝贺
中国科技大建校三十周年暨
北京校友会之成立

聂荣臻

1988年，聂荣臻同志为中国科学技术大学30周年校庆题词

档案编号：1988-SX-Y-278

方毅题词
祝贺30周年校庆

方毅（1916—1997），福建厦门人，无产阶级革命家。曾任中国科学院院长、党组书记，国务院副总理。方毅同志对中国科学技术大学少年班的创办、国家同步辐射实验室的建设起到了关键作用，并长期关注学校的发展。

1980年6月，方毅同志与少年班同学下围棋

档案编号：1980-SX-Y-181

1988年，方毅同志为中国科学技术大学30周年校庆题词

张劲夫题词
祝贺25周年校庆

张劲夫（1914—2015），安徽肥东人，无产阶级革命家。曾任中国科学院党组书记、中共安徽省委第一书记、国务委员。中国科学技术大学创建者之一，并长期关注学校的发展。

1981年3月12日，张劲夫同志（前排中）参加中国科学技术大学首届"郭沫若奖学金"颁奖仪式

档案编号：1981-SX-Y-64

为社会主义四个现代化伟大事业，培养出色的又红又专的人才！

热烈祝贺中国科学技术大学建校二十五周年

张劲夫

一九八三年十月

1983年10月，张劲夫同志为中国科学技术大学25周年校庆题词

档案编号：1983-WS-Y-15

科学家手迹

郭沫若 严济慈 华罗庚 钱三强 赵九章 赵忠尧 邓稼先 吴有训 钱学森 杨承宗 卢嘉锡 傅承义 吴文俊

郭沫若手迹
首届开学典礼致辞

郭沫若（1892—1978），四川乐山人，著名学者、作家、社会活动家。1955年当选中国科学院学部委员。1949~1978年任中国科学院院长。中国科学技术大学的主要创建者之一，首任校长。

1958年9月20日，郭沫若校长在中国科学技术大学首届开学典礼上致辞

档案编号：1958-SX-Y-21

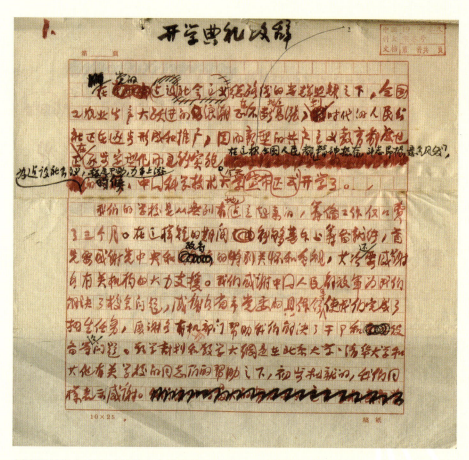

郭沫若校长在中国科学技术大学首届开学典礼上的致辞手稿（首页）

档案编号：1958-SX-Y-13-2

郭沫若题词
中国科学技术大学校风

1959年9月8日，郭沫若校长为学校题写的校风

郭沫若手迹
捐资帮助困难师生的信件

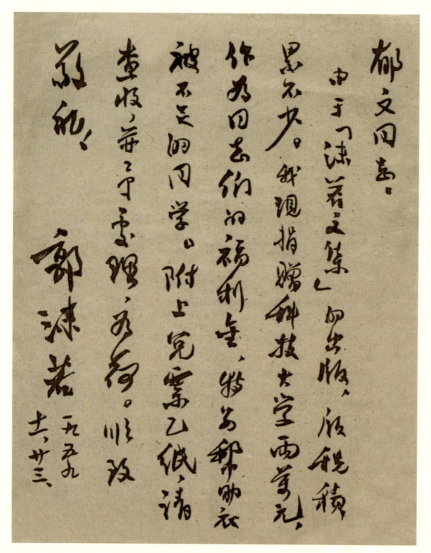

1959年11月23日,郭沫若校长致中国科学技术大学党委书记郁文的信

档案编号:1959-WS-Y-25-1

郭沫若手迹
发扬五四运动的光辉传统

1959年4月8日，郭沫若校长在学校作题为《发扬五四运动的光辉传统》的讲话手稿（1）

档案编号：1959-WS-Y-25-1

1959年4月8日，郭沫若校长在学校作题为《发扬五四运动的光辉传统》的讲话手稿（2）

档案编号：1959-WS-Y-25-1

严济慈题词
祝贺30周年校庆

严济慈（1901—1996），浙江东阳人，著名物理学家。1955年当选中国科学院学部委员。曾任中国科学院副院长、全国人大常委会副委员长等职。中国科学技术大学主要创建者之一，先后任副校长、研究生院院长、校长、名誉校长。

建校初期，严济慈为学生授课

档案编号：1958-SX-Y-70

創寰宇學府
育天下英才

中國科學技術大學建校三十周年誌慶

嚴濟慈 題
一九八八年五月

1988年5月，严济慈为中国科学技术大学30周年校庆题词

严济慈手迹
关于专业调整的意见

1962年，严济慈就专业调整问题致武汝扬副校长的信

档案编号：1962-WS-Y-24-9

严济慈题词
勉励少年班同学

你们是初升的太阳
希望寄托在你们身上

赠
中国科学技术大学少年班同学
严济慈 一九七八年四月廿九日
于合肥 稻香楼

1978年4月29日，严济慈为少年班同学题词

严济慈题词
致1984届毕业生

> 心向母校，志在四方；
> 振兴中华，气贯寰宇。
>
> 热烈祝贺 七九级同学们毕业
>
> 严济慈 一九八四年七月

1984年7月，严济慈为1984届毕业生题词

华罗庚手迹
向中国科学技术大学推荐人才

华罗庚（1910—1985），江苏金坛人，著名数学家。1955年当选中国科学院学部委员。中国科学技术大学创建者之一，应用数学和电子计算机系首任系主任，1961~1984年任副校长。曾任中国科学院数学研究所所长、中国数学会理事长、全国政协副主席等职。

建校初期，华罗庚在课后为同学们答疑

档案编号：1958-SX-Y-102

中 国 科 学 院

中国科技大学:

经过我审查了陆洪文同志的著作,根据他的学术水平和教学能力,我同意推荐他为正教授。

陆洪文同志发表论文廿篇,其中主要六篇见附件。

他曾赴美和德,并在德国任客座教授。他已具备培养博士生的能力。

华罗庚
1984.10.8

1984年10月8日,华罗庚关于推荐陆洪文任教授致中国科学技术大学的信

档案编号:1985-WS-C-205

华罗庚手迹
为车队司机留言

1983年4月，华罗庚为中国科学技术大学车队司机孙健留言

档案编号：1983-SX-Y-199

钱学森手迹
关于系与专业调整的意见

钱学森(1911—2009),浙江杭州人,著名应用力学、工程控制论、系统工程学家。1957年当选中国科学院学部委员。中国科学技术大学创建者之一,力学和力学工程系首任系主任。曾任中国科学院力学研究所所长、国防科工委副主任、全国政协副主席等职。

建校初期,钱学森为学生讲课

档案编号:1958-SX-Y-74

武付校长：

听说科大要我对"关于调整专业与系的意见和草案（初稿）"提出个人意见，我就把想到的几点写在下面：

1. 近代力学系在第一方案和第二方案都是一样，有四个专业即物性力学、高温固体力学、高速空气动力学、喷气动力热物性；从现有专业中取消了爆破力学专业。我们已前曾经如此提过，那是因为当时院及分院的调整方案中将把我所的爆破研究调动到中南分院的一个新所及哈尔滨土建所。但现在这个方案行不通，我所仍将发展爆破研究工作，是我所支援农业的一个重点；所以爆破力学这个专业不宜取消。能不能归到近代力学由四系中？共列五个专业。

2. 我对科技大学办校方针有些看法，希望能在这专场合有机会谈一谈。但半年来一直没有机会。我所知永怀、力之也感有没机会谈。我们很愿意用一下分之二日的时间来干这件事，不知有没有可能？

此致

敬礼

钱学森 1962.10.30

1962年10月30日，钱学森就系与专业调整问题致武汝扬副校长的信

钱学森手迹
勉励力学系开办新专业

230026
安徽省合肥市中国科学技术大学力学系
韩肇元主任、伍小平主任：

二位5月31日来信收到，我十分感谢！

我读来信后由衷地高兴：中国科学技术大学真是新高技术的突击手，而力学系也很称职，下决心象顾海澄教授那样予见到21世纪，开创新学科、新专业——材料设计！我也很高兴郑哲敏院士、葛庭燧院士也鼎力支持。

我没有更多要说的了；敬祝
材料强度与材料设计专业办得成功！   此致
敬礼！

钱学森
1994.6.19

1994年6月19日，钱学森致中国科学技术大学韩肇元、伍小平教授的信

档案编号：1994-X211-43-3

赵九章手迹
周国成毕业论文评语

赵九章（1907—1968），河南开封人，著名气象学、地球物理和空间物理学家。1955年当选中国科学院学部委员。中国科学技术大学创建者之一，应用地球物理系首任系主任。曾任中国科学院地球物理研究所所长、卫星设计院院长等职。

建校初期，赵九章和学生在一起

档案编号：1958-SX-Y-63

中国科学院
地球物理研究所

这篇论文有内容，结果也比较有创造性，特别是用禁区医来研究带电粒子在圈际场中的运动，能用模型定性地把它表现出来，是有学术价值的，可以在学报上发表，但原文不够简洁，发表时须加以缩减。

这次在波兰开会时，曾将生文的实验结果与美国科学家Singer讨论，他的谈论很有意思，因此资本主义国家科学家常会窃取别人成果，不可不防。应早日用英文发表。因之红代的设计、地磁机实验装置，徐荣栋做了不少工作，继续进行电地粒子许多实际工作。外文宜用徐学栋及周国成两人发表。

赵九章

1963年，赵九章给应用地球物理系周国成同学写的毕业论文评语

赵九章手迹
关于创办研究生院的建议

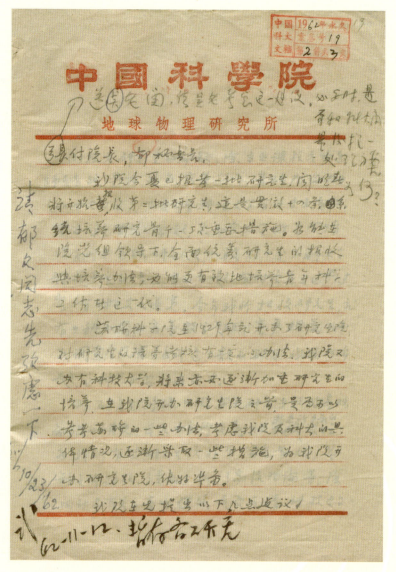

1962年10月22日,赵九章致信张劲夫、郁文建议创办中国科学技术大学研究生院(1)

档案编号:1962-WS-Y-19-1

中国科学院
地球物理研究所

（1）报考研究生的命题，除专业课程应由导师命题外，其他外文、高等数学、基础理论物理（如四大力学），可否请科技大学有关专业处理。因为一般课程的命题，必须结合大学所学习情况及所内高级研究人员，一般不十分了解大学课程开展的情况，自己出题有时会失之过严过窄，有时又失之过宽。今年我所招收研究生，就有二种不同的高等数学题目，其严相差不小，如调查全院有关各所这一类的数学或物理命题，其种差别恐怕还更大。

（2）研究生到院以后，有关研究生专业基础知识的补充，自应由各所负责。但非专业课程如数学方些研究生须补习空气动力学，等离子体物理、复变分析、测度理论等，除向北大方面邀请教师上课外，是否可请科技大……

1962年10月22日，赵九章致信张劲夫、郁文建议创办中国科学技术大学研究生院（2）

档案编号：1962-WS-Y-19-1

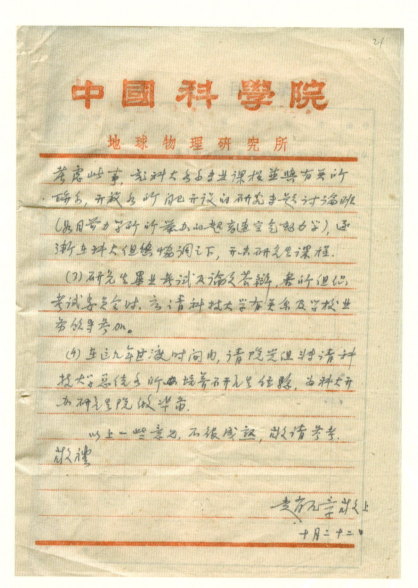

1962年10月22日，赵九章致信张劲夫、郁文建议创办中国科学技术大学研究生院（3）

郭永怀手迹
为学术论文征求意见

郭永怀(1909—1968),山东荣成人,著名力学家。1957年当选中国科学院学部委员。中国科学技术大学创建者之一,化学物理系首任系主任。曾任中国科学院力学研究所副所长等职。

建校初期的郭永怀

坝工弹性力学中的若干问题

（初稿）

I. 引言

弹性力学在水工结构中得到广泛的应用，特别是重力坝的弹性应力分析和振动是坝工设计中考虑的重要方面之一。我国在弹性力学方面虽然过去在各方面都有一些工作，个别工作虽然亦略成系统，但由于与生产实际没有深刻联系，发展是局限的。在坝工方面由于建国以来一系列水坝建设，特别是各种高坝，大坝的设计对于弹性力学方面有迫切的要求。事实上完善合理的设计对于节约国家投资，更快地建设社会主义祖国有直接的联系，这一无比的推动力促进了我国有关坝工的弹性静动力学，从实验到理论的全面发展，这种现象决不是偶然的，试看苏联的头几个五年计划就是如此。自从1955年后我国开始了大型的水坝建设，首先就要求能对坝体强度作精确的预断。事实上我国的光弹性实验技术就是在这一时期以后以比较快的速度的建立起来，应该说光弹性技术不仅使用在水工方面，但无疑的，大量的坝工应力分析是促进制成良好的塑料和很快地提高光弹性技术水平分不开的。此之，不仅在光弹性技术上，而且在其他例如：印刷胶，电比拟，各种模型试验动荷振动试验上都有了进展。这种进展是经历克服了很大的技术困难，如无适当原料，无技术裁体等等，才得到的，这决不是少数人在实验室凭个人主观愿望能办到的，又如理论方面，一方面我们利用了现有的成就，同时发展了合乎我国需要的新工作，所以说目前在坝工弹性力学方面的进展，正是任务带动学科的最好例子。应该指出这一方面的工作，特别是在大跃进的1958年中，由于党的坚强领导，工作面大大展开，工作一方面具有羣众性，而且又逐渐深化。目前北京水利科学研究院，长江水利科学院，大连工学院中国科学院力学研究所土建研究所和清华大学以及其他一些高等院校都广泛地展开了工作。这些科学创造了有利的互相合作，互相推动的情况，这里北京水利科学研究院因为直接接受生产任务，进行的具体实验工作较多，而大连工学院与清华大学和其他一些高等院校在理论及实验方面都参加了工作。中国科学院力学所和土建所进行了振动方面的工作，由于工作的面很广，这次总结工作时间短促，可能收集资料不够所以我们这里祇是就若干问题进行初步总结，并没有包括全部工作，有些工作，各方面都已进行，也

郭永怀请中国科学技术大学沈志荣教授给自己的《坝工弹性力学中的若干问题》论文提意见

赵忠尧题词
勉励中国科学技术大学师生

赵忠尧（1902—1998），浙江诸暨人，著名核物理学家。1955年当选中国科学院学部委员。中国科学技术大学创建者之一，原子核物理和原子核工程系首任系主任。曾任中国科学院原子能研究所副所长等职。

建校初期，赵忠尧为学生讲课

档案编号：1958-SX-Y-86

中国科学院高能物理研究所

坚持真理
弘扬正气
开拓锦程

甲戌仲秋
赵忠尧书于
北京医院

1994年，赵忠尧在北京医院为中国科学技术大学题词

贝时璋手迹
系主任会议签名表

贝时璋（1903—2009），浙江镇海人，著名细胞学家。1955年当选中国科学院学部委员。中国科学技术大学创建者之一，生物物理系首任系主任。曾任中国科学院生物物理研究所所长等职。

档案编号：1998-SX-Y-246

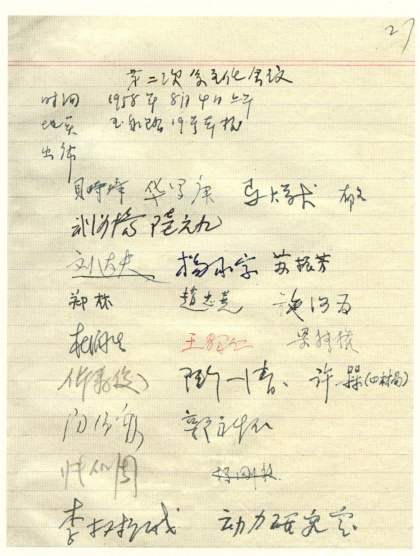

1958年8月，中国科学技术大学第二次系主任会议参会人员的签名（第一位为贝时璋）

档案编号：1958-WS-Y-16-2

吴仲华手迹
祝贺25周年校庆

吴仲华（1917—1992），江苏苏州人，著名工程热物理学家。1957年当选中国科学院学部委员。中国科学技术大学创建者之一，物理热工系首任系主任。曾任中国科学院工程热物理研究所所长等职。

档案编号：1958-SX-Y-215

中国科技大学：

正值科技大学建校25周年之际，我向全体师生员工表示热烈祝贺。我因近日工作较忙，在20日等日都安排了工作，不能亲自前往参加校庆活动，专致歉意。

祝科大在今后的教学、科研工作中取得更大成绩。

一九八三年九月七日。

1983年9月7日，吴仲华致中国科学技术大学关于25周年校庆的贺信

档案编号：1983-WS-Y-15

钱临照手迹
贺赵忠尧寿庆

钱临照（1906—1999），江苏无锡人，著名物理学家。1955年当选中国科学院学部委员。长期在中国科学技术大学从事教育、行政工作，1978～1984年任副校长，为学校发展作出了重要贡献。

建校初期，钱临照和学生们在课后交流

档案编号：1958-SX-Y-77

> 壽過普朗克（M. Planck 得壽八十九）
> 學啟安德森（C. D. Anderson 之發現正电子实由赵先生之硬γ射线吸收而啟發）
> 十字属赵先生壽.
> 遥祝赵忠尧先生福寿绵長.
>
> 钱临照敬贺
> 一九九二年五月廿五日
> 於合肥 中国科大

1992年5月25日，钱临照致赵忠尧的祝寿词

钱临照题词
勉励中国科学技术大学学生

为中华崛起

1990年，钱临照为中国科学技术大学学生题词

杨承宗题词
祝贺50周年校庆

　　杨承宗（1911—2011），江苏吴江人，著名化学家。中国科学技术大学创建者之一，放射化学和辐射化学系首任系主任，1978年任副校长。

杨承宗和少年班同学在一起

档案编号：1979-SX-Y-17

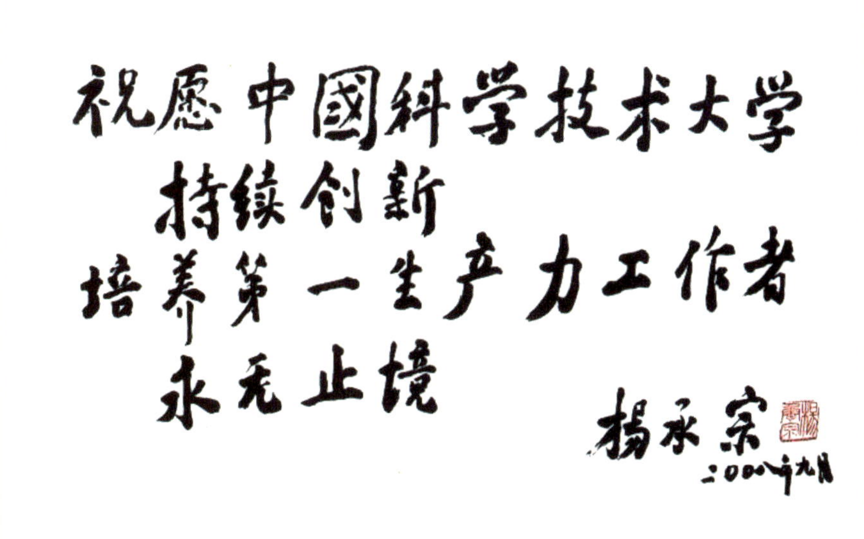

科学家手迹

祝愿中国科学技术大学
持续创新
培养第一生产力工作者
永无止境

杨承宗
二〇〇八年九月

2008年9月，杨承宗为中国科学技术大学50周年校庆题词

中国科学技术大学实物档案

卢嘉锡手迹
贺钱临照寿庆

卢嘉锡（1915—2001），福建永定人，著名化学家。1955年当选中国科学院学部委员。1978～1987年任中国科学技术大学近代化学系主任。曾任中国科学院院长、全国政协副主席、全国人大常委会副委员长等职。

1990年12月4日，全国政协副主席卢嘉锡（右）在中国科学技术大学与谷超豪校长座谈

档案编号：1990-SX-Y-447

衷心祝贺钱老临照院士九秩寿庆

揭示晶体缺陷结构觅位错真象
弘扬墨经深奥内涵显物理本质

一九九六年八月　卢嘉锡敬贺

1996年8月，卢嘉锡致钱临照的祝寿词

傅承义手迹
祝贺25周年校庆

  傅承义（1909—2000），福建闽侯人，著名地球物理学家。1957年当选中国科学院学部委员。中国科学技术大学建校初期即在校任教，1978年任地球和空间科学系主任。

1978年4月，傅承义（前排左二）与中国科学技术大学地球和空间科学系教师座谈

档案编号：1978-SX-Y-89

中国科学院地球物理研究所

同志们：

接到科大二十五周年校庆的请柬，我本应亲去恭贺，但是国务院学位委员会的学科评议组第二次会议也在同时开会，我不得分身。只好藉这封信表示我良好的祝愿。科大的成绩是有目共睹的，不但可与久著声誉的各大学媲美，而且自有特点。迁到合肥后，交流起到推动和带头作用。希望在我国四化建设中，科大会起到更大的作用。此致

敬礼

傅承义
9.9日

1983年9月9日，傅承义致中国科学技术大学关于25周年校庆的贺信

档案编号：1983-WS-Y-15

吴文俊题词
勉励中国科学技术大学师生

吴文俊（1919—2017），上海人，著名数学家。1957年当选中国科学院学部委员。曾获首届国家最高科学技术奖。中国科学技术大学建校初期即在校任教，1978年任数学系副主任。

1983年4月，吴文俊在中国科学技术大学主持我国首批自主培养的博士毕业论文答辩会

档案编号：1983-SX-Y-172

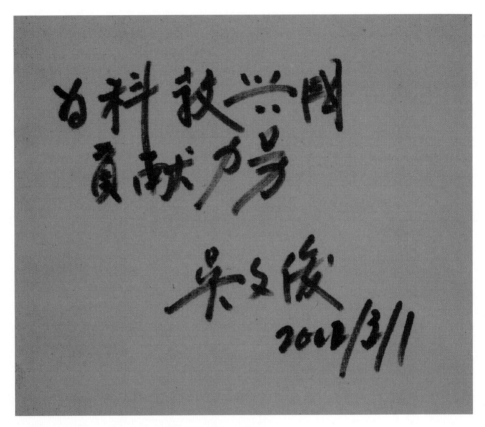

2001年3月1日,吴文俊为中国科学技术大学题词